Impressum
Verlag: BABADADA GmbH, Nedderfeld 112 , 22529 Hamburg
Geschäftsführer / Verlagsleitung: Harald Hof
Druck: Books on Demand GmbH, In de Tarpen 42, 22848 Norderstedt

Imprint
Publisher: BABADADA GmbH, Nedderfeld 112 , 22529 Hamburg, Germany
Managing Director / Publishing direction: Harald Hof
Print: Books on Demand GmbH, In de Tarpen 42, 22848 Norderstedt

# Schule

## escola

dividieren
dividir

186/2

Klassenzimmer
classe

Tafel
tauler

Schulhof
pati (de l'escola)

Lehrer
professor

Papier
paper

schreiben
escriure

Stift
estilogràfica

Schreibtisch
escriptori

Lineal
regle

Buch
llibre

Schüler
estudiant

Ranzen

bossa

Federmappe

estoig

Bleistift

llapis

Bleistiftanspitzer

maquineta de fer punta

Radiergummi

goma

Zeichenblock

bloc de dibuix

Zeichnung

dibuix

Pinsel

pinzell

Malkasten

capsa de pintures

Schere

tisores

Klebstoff

cola

Übungsheft

quadern d'exercicis

Hausaufgabe

deures

Zahl

nombre

addieren

afegir

subtrahieren

sostreure

multiplizieren

multiplicar

rechnen

calcular

Buchstabe

lletra

Alphabet

alfabet

Wort

mot

Text

text

lesen

llegir

Kreide

guix

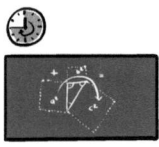

Stunde

lliçó

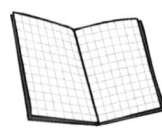

Klassenbuch

llibre de classe

Prüfung

examen

Zeugnis

certificat

Schuluniform

uniforme escolar

Ausbildung

formació

Lexikon

enciclopèdia

Universität

universitat

Mikroskop

microscopi

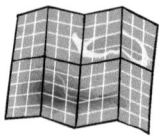

Karte

mapa

Papierkorb

paperera

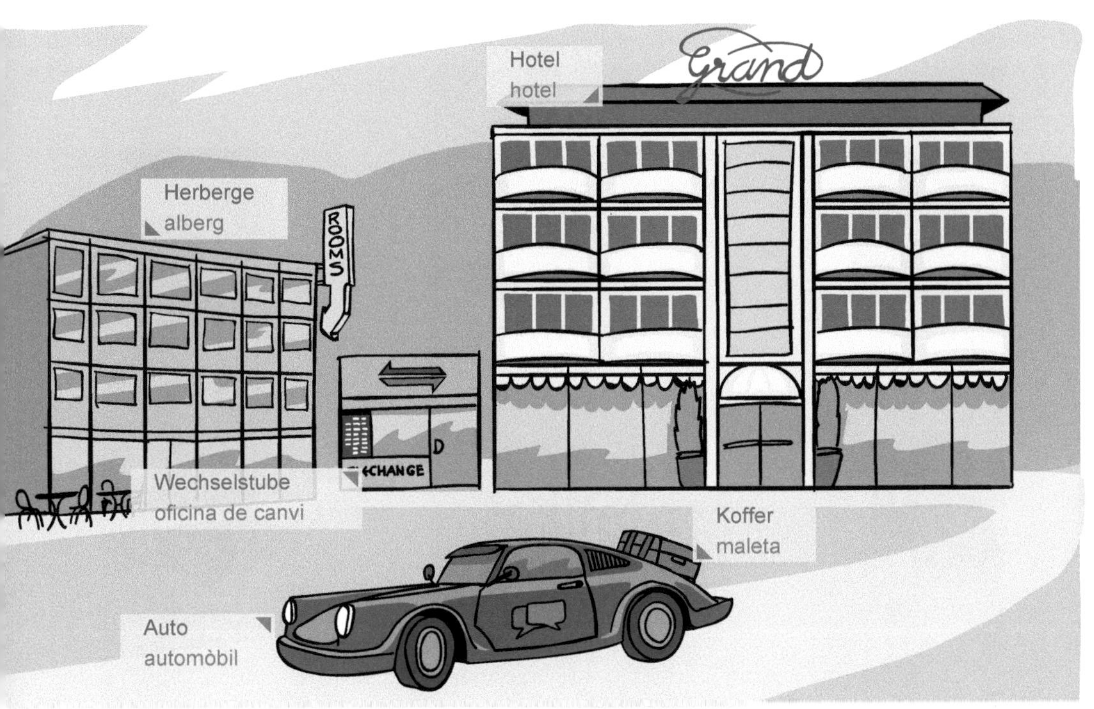

Hotel
hotel
Grand
Herberge
alberg
ROOMS
Wechselstube
oficina de canvi
CHANGE
Koffer
maleta
Auto
automòbil

Sprache
llengua

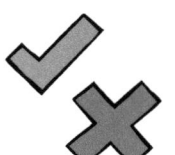

ja / nein
sí / no

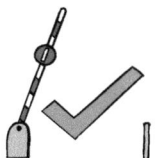

Okay
D'acord

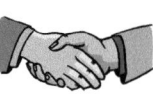

Hallo
Ey!

Übersetzer
traductora

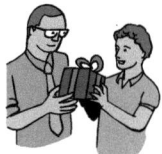

Danke
gràcies

Was kostet...?

Quant costa... ?

Ich verstehe nicht

No entenc

Problem

problema

Guten Abend!

Bona nit!

Guten Morgen!

bon dia!

Gute Nacht!

bona nit!

Auf Wiedersehen

fins aviat

Richtung

direcció

Gepäck

bagatge

Tasche

bossa

Rucksack

sarrona

Gast

convidat

Zimmer

cambra

Schlafsack

sac de dormir

Zelt

tenda

Touristeninformation

oficina de turisme

Strand

platja

Kreditkarte

carta de crèdit

Frühstück

esmorzar

Mittagessen

dinar

Abendessen

sopar

Fahrkarte

bitllet

Fahrstuhl

ascensor

Briefmarke

segell

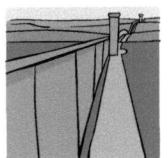

Grenze

frontera

Zoll

duana

Botschaft

ambaixada

Visum

visat

Pass

passaport

# Transport
# transport

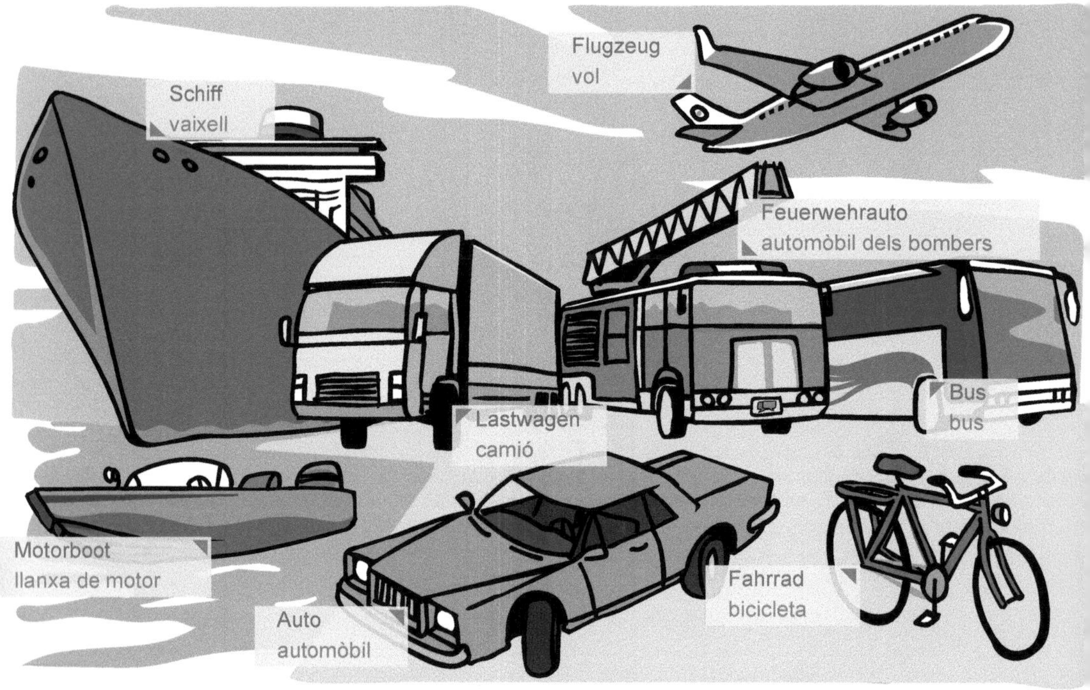
Flugzeug
vol
Schiff
vaixell
Feuerwehrauto
automòbil dels bombers
Bus
bus
Lastwagen
camió
Motorboot
llanxa de motor
Fahrrad
bicicleta
Auto
automòbil

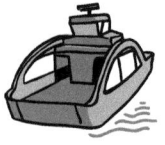

Fähre

transbordador

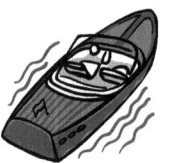

Boot

barca

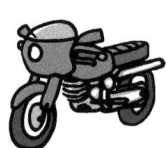

Motorrad

moto

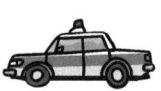

Polizeiauto

automòbil de policia

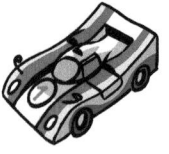

Rennauto

automòbil de curses

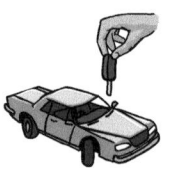

Mietwagen

automòbil de lloguer

**Carsharing**

vehicle compartit

**Abschleppwagen**

grua

**Müllauto**

camió de les escombraries

**Motor**

motor

**Kraftstoff**

benzina

**Tankstelle**

benzineria

**Verkehrsschild**

senyal de trànsit

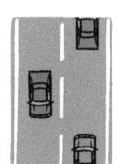

**Verkehr**

trànsit

**Stau**

embús

**Parkplatz**

aparcament

**Bahnhof**

estació de trens

**Schienen**

vies

**Zug**

tren

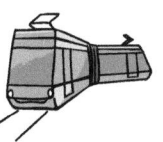

**Straßenbahn**

tramvia

**Wagon**

vagó

Helikopter

helicòpter

Flughafen

aeroport

Tower

torre

Passagier

passatger

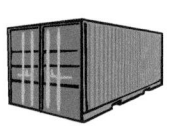

Container

contenidor

Karton

capsa de cartó

Karren

carretó

Korb

cistella

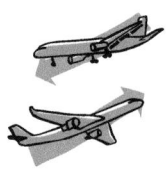

starten / landen

enlairar-se / aterrar

## Stadt

## ciutat

Dorf

poble

Stadtzentrum

centre de la ciutat

Haus

casa

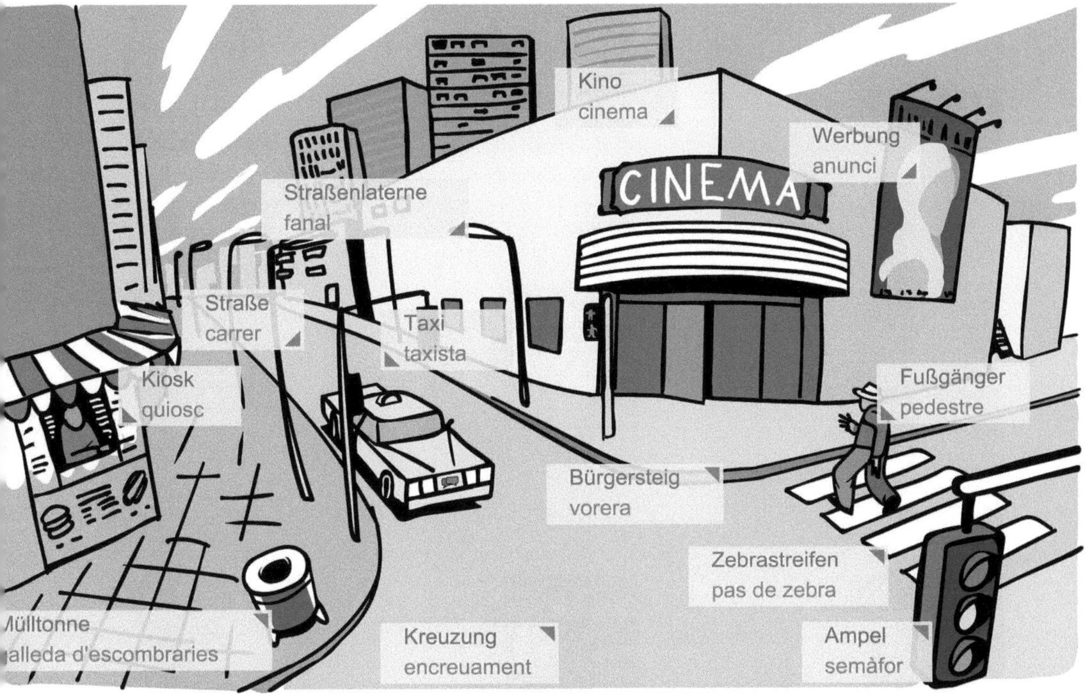

Kino
cinema

Werbung
anunci

Straßenlaterne
fanal

CINEMA

Straße
carrer

Taxi
taxista

Fußgänger
pedestre

Kiosk
quiosc

Bürgersteig
vorera

Zebrastreifen
pas de zebra

Mülltonne
galleda d'escombraries

Kreuzung
encreuament

Ampel
semàfor

Hütte
.................
cabana

Wohnung
.................
apartament

Bahnhof
.................
estació de trens

Rathaus
.................
casa de la vila-ciutat

Museum
.................
museu

Schule
.................
escola

Universität

universitat

Bank

banca

Krankenhaus

hospital

Hotel

hotel

Apotheke

farmàcia

Büro

oficina

Buchhandlung

llibreria

Geschäft

botiga

Blumenladen

floristeria

Supermarkt

supermercat

Markt

mercat

Kaufhaus

gran magatzem

Fischhändler

peixateria

Einkaufszentrum

centre comercial

Hafen

port

Park
parc

Bank
banc

Brücke
pont

Treppe
escala

U-Bahn
metro

Tunnel
túnel

Bushaltestelle
parada d'autobús

Bar
bar

Restaurant
restaurant

Briefkasten
bústia de correu

Straßenschild
senyal indicador

Parkuhr
parquímetre

Zoo
zoo

Badeanstalt
piscina

Moschee
mesquita

Bauernhof

granja

Umweltverschmutzung

pol·lució

Friedhof

cementiri

Kirche

església

Spielplatz

parc infantil

Tempel

temple

# Landschaft
## paisatge

Blatt
fulla

Wegweiser
cartell indicador

Weg
camí

Wiese
prat

Stein
pedra

Baum
arbre

Wanderer
excursionista

Fluss
riu

Gras
gespa

Blume
flor

Tal

vall

Berg

muntanya

See

llac

Wald

bosc

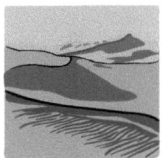

Wüste

desert

Vulkan

volcà

Schloss

castell

Regenbogen

arc de Sant Martí

Pilz

bolet

Palme

palmera

Moskito

moscard

Fliege

mosca

Ameise

formiga

Biene

abella

Spinne

aranya

Käfer

escarabat

Frosch

granota

Eichhörnchen

esquirol

Igel

eriçó

Hase

llebre

Eule

òliba

Vogel

ocell

Schwan

cigne

Wildschwein

senglar

Hirsch

cervo

Elch

ant

Staudamm

presa

Windrad

turbina

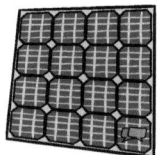

Solarmodul

panell solar

Klima

clima

# Restaurant
# restaurant

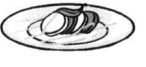

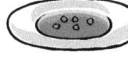

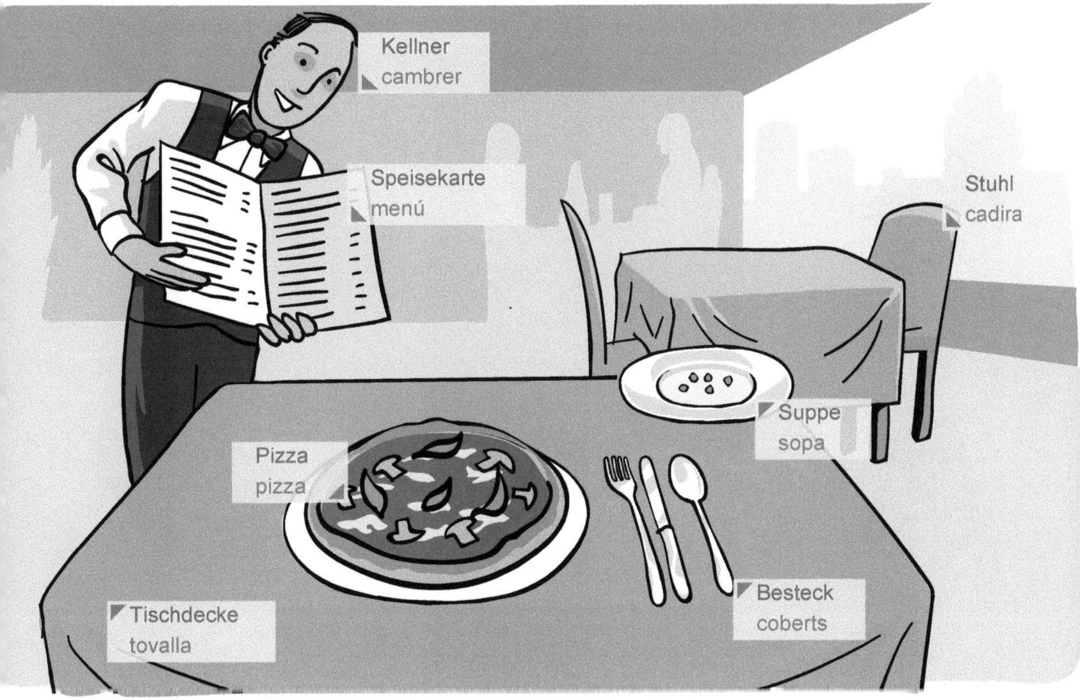
Kellner
cambrer
Speisekarte
menú
Stuhl
cadira
Suppe
sopa
Pizza
pizza
Besteck
coberts
Tischdecke
tovalla

Vorspeise

primer plat

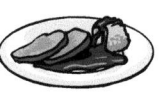

Hauptgericht

plat principal

Nachspeise

darreries

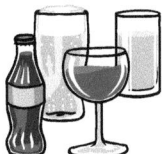

Getränke

begudes

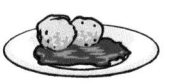

Essen

menjar

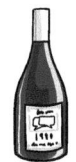

Flasche

ampolla

**Fastfood**

menjar ràpid

**Streetfood**

menjar de carrer

**Teekanne**

tetera

**Zuckerdose**

sucrer

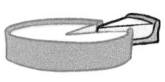

**Portion**

porció

**Espressomaschine**

màquina d'espresso

**Hochstuhl**

trona

**Rechnung**

factura

**Tablett**

plata

**Messer**

ganivet

**Gabel**

forqueta

**Löffel**

cullera

**Teelöffel**

cullereta

**Serviette**

tovalló

**Glas**

got

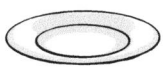

Teller

plat

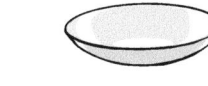

Suppenteller

plat de sopa

Untertasse

plateret

Sauce

salsa

Salzstreuer

saler

Pfeffermühle

molinet de pebre

Essig

vinagre

Öl

oli

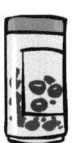

Gewürze

espècies

Ketchup

quètxup

Senf

mostassa

Mayonnaise

maionesa

# Supermarkt
## supermercat

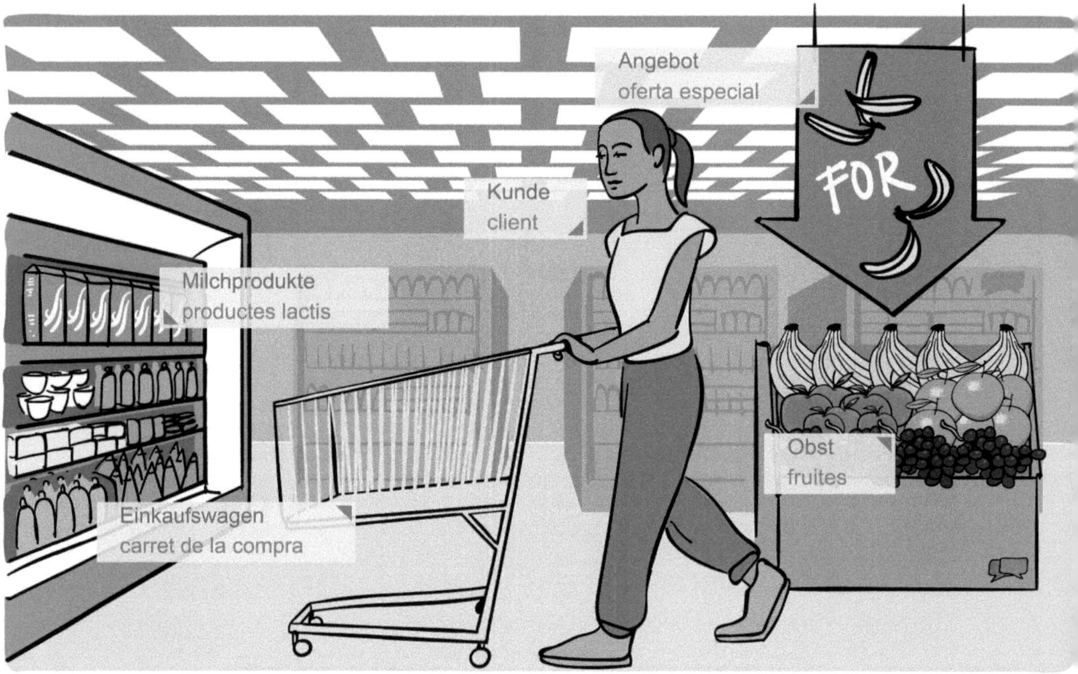

Angebot
oferta especial
FOR
Kunde
client
Milchprodukte
productes lactis
Obst
fruites
Einkaufswagen
carret de la compra


BUTCHERS


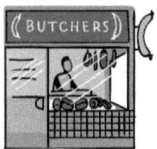

Schlachterei

carnisseria

BAKERY


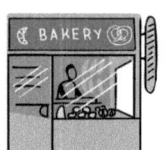

Bäckerei

forn de pa

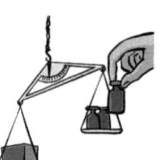

wiegen

pesar

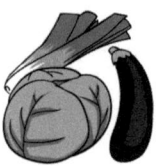

Gemüse

verdures

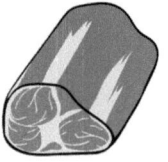

Fleisch

carn

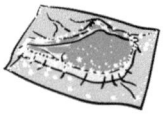

Tiefkühlkost

menjar congelat

Aufschnitt

carn freda

Konserven

conserves

Waschmittel

detergent en pols

Süßigkeiten

dolços

Haushaltsartikel

articles domèstics

Reinigungsmittel

productes de neteja

Verkäuferin

venedora

Kasse

caixa registradora

Kassierer

caixera

Einkaufsliste

llista de la compra

Öffnungszeiten

horari d'obertura

Brieftasche

portamonedes

Kreditkarte

carta de crèdit

Tasche

bossa

Plastiktüte

bossa de plàstic

Wasser

aigua

Saft

suc

Milch

llet

Cola

coca-cola

Wein

vi

Bier

cervesa

Alkohol

alcohol

Kakao

cacau

Tee

te

Kaffee

cafè

Espresso

espresso

Cappuccino

cappuccino

Banane

banana

Apfel

poma

Orange

taronja

Melone

síndria

Zitrone

llimona

Karotte

pastanaga

Knoblauch

all

Bambus

bambú

Zwiebel

ceba

Pilz

bolet

Nüsse

avellanes

Nudeln

fideus

Spaghetti

espaguetis

Reis

arròs

Salat

amanida

Pommes frites

patates fregides

Bratkartoffeln

patates fregides

Pizza

pizza

Hamburger

hamburguesa

Sandwich

entrepà

Schnitzel

escalopa

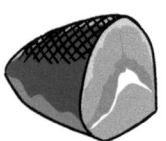

Schinken

cuixot

Salami

salami

Wurst

salsitxa

Huhn

pollastre

Braten

rostit

Fisch

peix

| | | |
|---|---|---|
|  |  |  |
| Haferflocken | Müsli | Cornflakes |
| flocs de civada | musli | cereals |
|  |  |  |
| Mehl | Croissant | Brötchen |
| farina | croissant | panet |
|  |  |  |
| Brot | Toast | Kekse |
| pa | torrada | bescuits |
|  |  |  |
| Butter | Quark | Kuchen |
| mantega | mató | pastís |
|  |  | 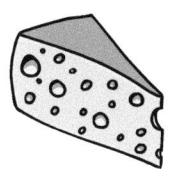 |
| Ei | Spiegelei | Käse |
| ou | ou fregit | formatge |

Eiscreme

gelat

Zucker

sucre

Honig

mel

Marmelade

melmelada

Nougat-Creme

crema de xocolata

Curry

curri

# Bauernhof
## granja

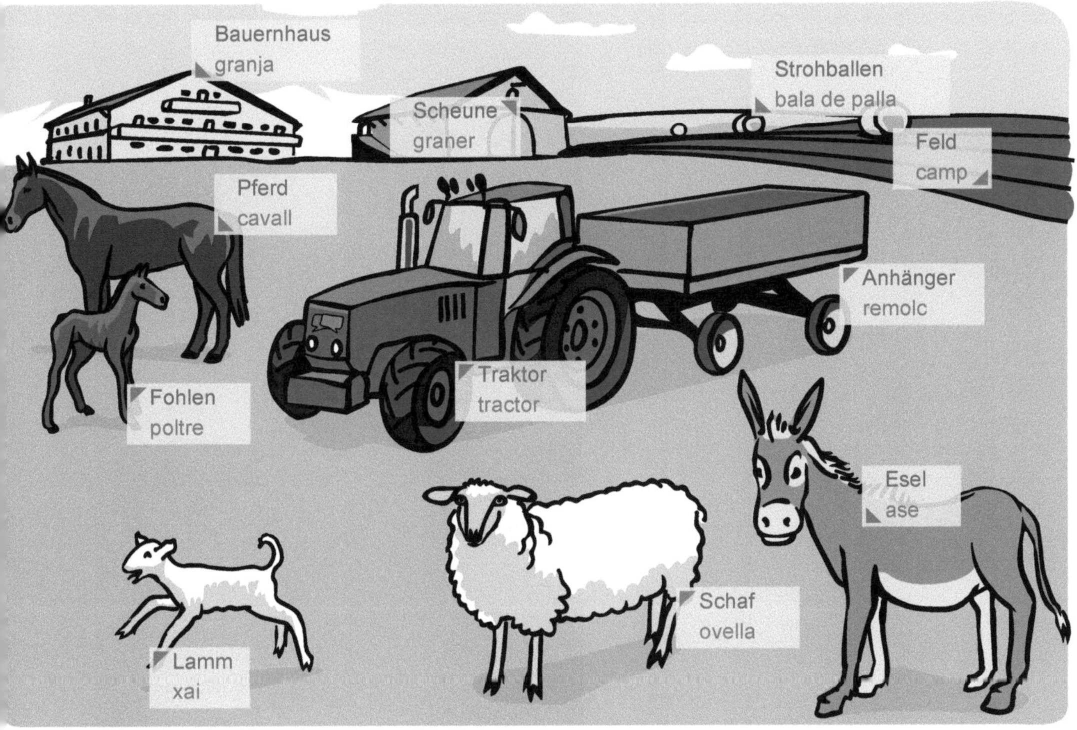

Bauernhaus
granja
Strohballen
bala de palla
Scheune
graner
Feld
camp
Pferd
cavall
Anhänger
remolc
Traktor
tractor
Fohlen
poltre
Esel
ase
Schaf
ovella
Lamm
xai


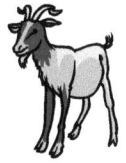

Ziege
cabra

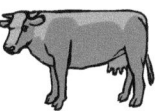

Kuh
vaca

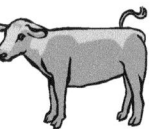

Kalb
vedella

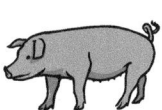

Schwein
porc

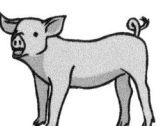

Ferkel
garrí

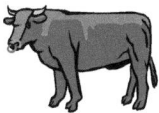

Bulle
bou

Gans

oca

Ente

ànec

Küken

poll

Huhn

gall

Hahn

gallina

Ratte

rata

Katze

gat

Maus

ratolí

Ochse

bou

Hund

gos

Hundehütte

gossera

Gartenschlauch

mànega de regar

Gießkanne

regadora

Sense

dalla

Pflug

arada

Sichel

falç

Hacke

aixada

Mistgabel

forca

Axt

destral

Schubkarre

carretó

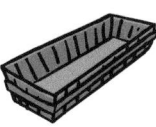

Trog

abeurador

Milchkanne

lletera

Sack

sac

Zaun

tanca

Stall

establa

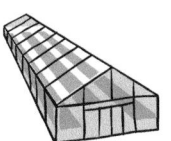

Treibhaus

hivernacle

Boden

sòl

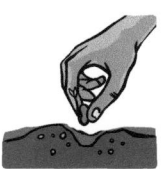

Saat

llavor

Dünger

adob

Mähdrescher

collidora

ernten

collir

Ernte

collita

Yamswurzel

nyam

Weizen

blat

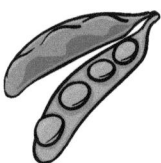

Soja

soja

Kartoffel

patata

Mais

blat de moro o d'indi

Raps

colza

Obstbaum

arbre fruiter

Maniok

mandioca

Getreide

cereals

# Haus
# casa

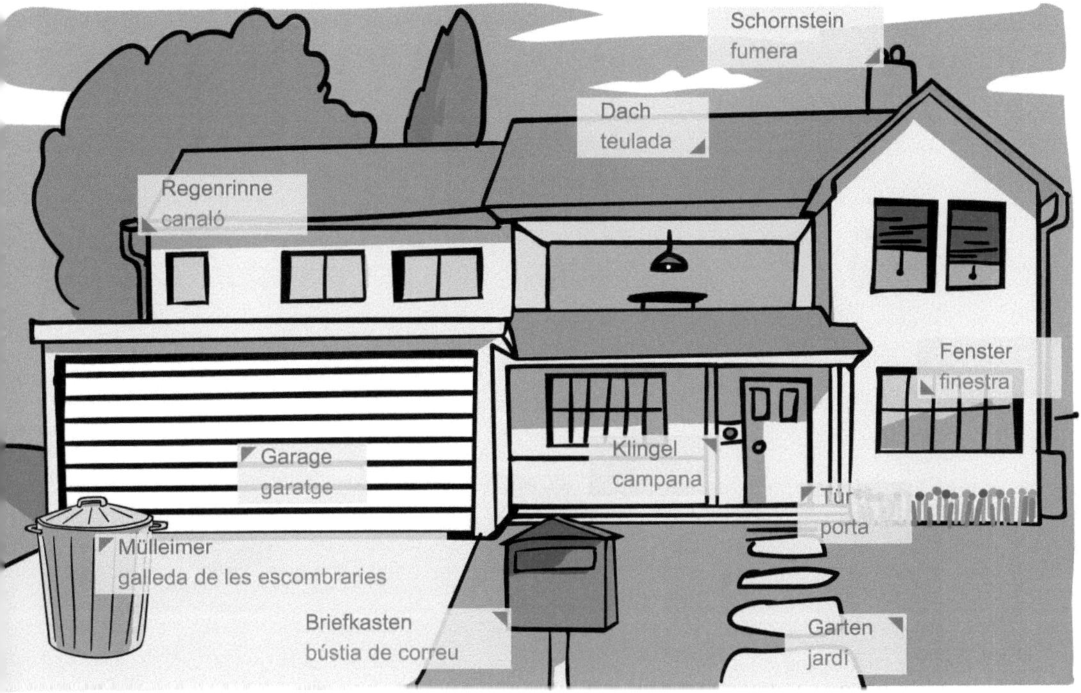

Schornstein
fumera
Dach
teulada
Regenrinne
canaló
Fenster
finestra
Garage
garatge
Klingel
campana
Tür
porta
Mülleimer
galleda de les escombraries
Briefkasten
bústia de correu
Garten
jardí


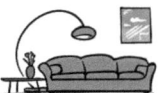

Wohnzimmer

sala d'estar

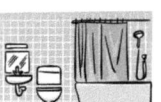

Badezimmer

bany

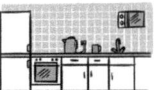

Küche

cuina

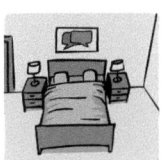

Schlafzimmer

cambra de dormir

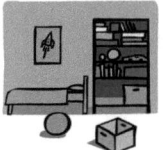

Kinderzimmer

cambra de nen

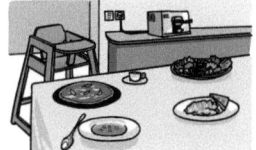

Esszimmer

menjador

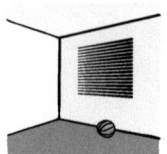

**Boden**
sòl

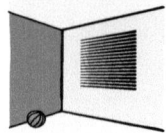

**Wand**
paret

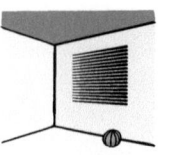

**Decke**
sostre

**Keller**
soterrani

**Sauna**
sauna

**Balkon**
balcó

**Terrasse**
terrassa

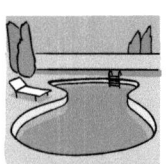

**Schwimmbad**
piscina

**Rasenmäher**
tallagespa

**Bettbezug**
vànova

**Bettdecke**
cobrellit

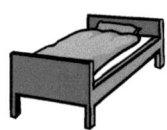

**Bett**
llit

**Besen**
escombra

**Eimer**
galleda

**Schalter**
interruptor

# Wohnzimmer
## sala d'estar

Tapete
paper de paret
Bild
quadre
Lampe
làmpada
Regal
prestatge
Schrank
armari
Fernseher
televisor
Kamin
escalfapanxes
Blume
flor
Kissen
coixí
Sofa
sofà
Vase
gerro
Fernbedienung
telecomanda


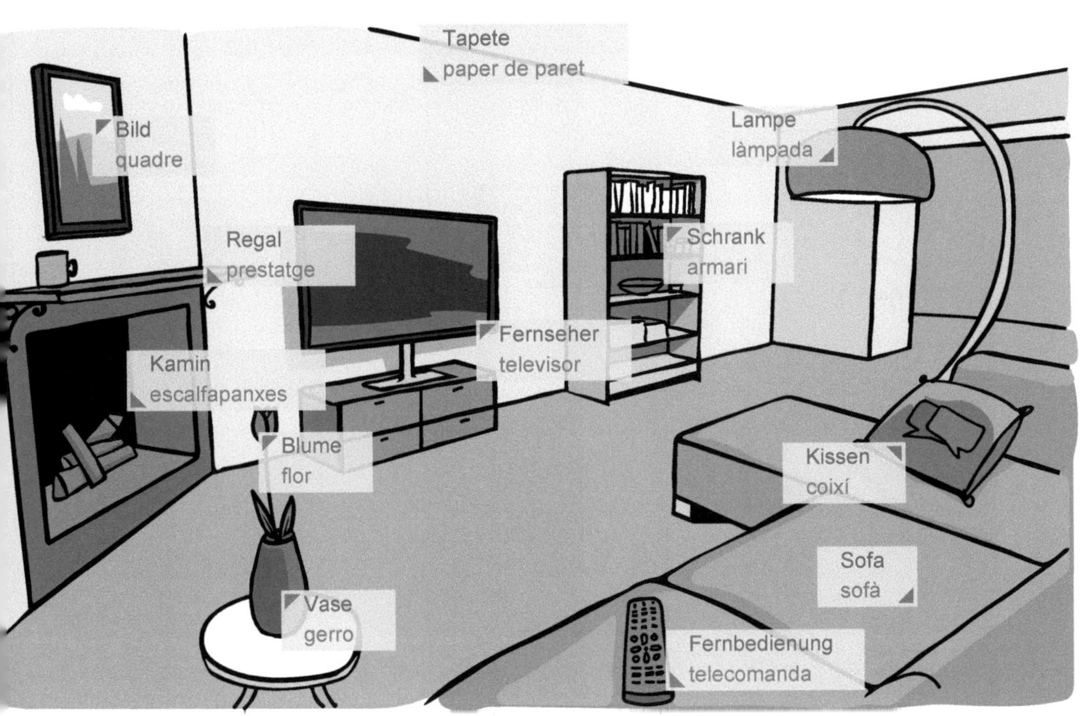

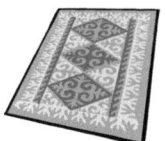

Teppich

catifa

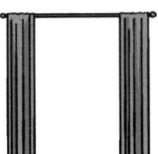

Vorhang

cortina

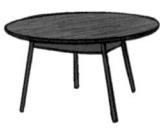

Tisch

taula

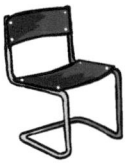

Stuhl

cadira

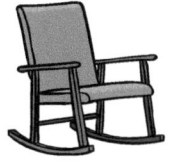

Schaukelstuhl

cadira gronxadora

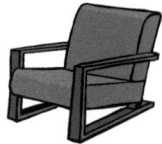

Sessel

cadiral

Buch

llibre

Decke

llençol

Dekoration

decoració

Feuerholz

llenya

Film

film

Stereoanlage

cadena de música

Schlüssel

clau

Zeitung

diari

Gemälde

pintura

Poster

cartell

Radio

ràdio

Notizblock

bloc de notes

Staubsauger

aspiradora

Kaktus

cactus

Kerze

candela

# Küche
# cuina

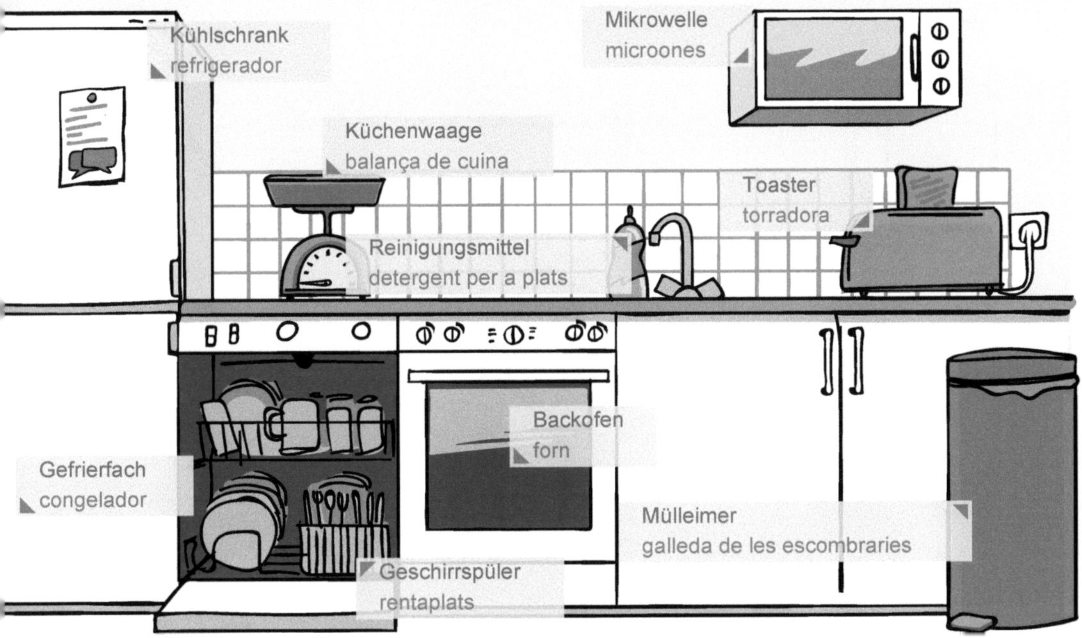
Kühlschrank
refrigerador
Mikrowelle
microones
Küchenwaage
balança de cuina
Toaster
torradora
Reinigungsmittel
detergent per a plats
Backofen
forn
Gefrierfach
congelador
Mülleimer
galleda de les escombraries
Geschirrspüler
rentaplats

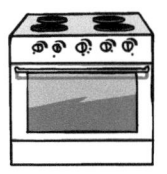

Herd

cuina de fogons

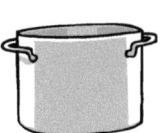

Topf

olla

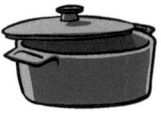

Eisentopf

olla de ferro colat

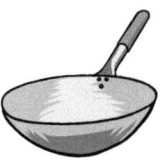

Wok / Kadai

wok / karahi

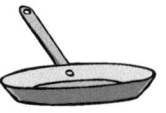

Pfanne

paella

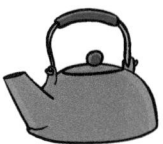

Wasserkocher

bullidor

**Dampfgarer**

olla de vapor

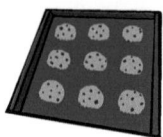

**Backblech**

plata de forn

**Geschirr**

vaixella

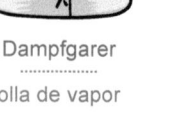

**Becher**

tassa grossa

**Schale**

bol

**Essstäbchen**

bastonets xinesos

**Suppenkelle**

culler

**Pfannenwender**

espàtula

**Schneebesen**

batedor

**Kochsieb**

colador

**Sieb**

sedàs

**Reibe**

ratllador

**Mörser**

morter

**Grill**

barbacoa

**Feuerstelle**

foc a terra

**Schneidebrett**

taula de tallar

**Nudelholz**

corró

**Korkenzieher**

llevataps

**Dose**

pot de conserva

**Dosenöffner**

obridor

**Topflappen**

agafador

**Waschbecken**

aigüera

**Bürste**

raspall

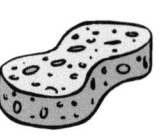

**Schwamm**

esponja

**Mixer**

batedora

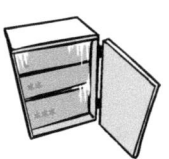

**Gefriertruhe**

congelador

**Babyflasche**

biberó

**Wasserhahn**

aixeta

# Badezimmer
## bany

Dusche
dutxa
Heizung
calefacció
Handtuch
tovallola
Duschvorhang
cortina de dutxa
Schaumbad
bany de bombolles
Badewanne
banyera
Glas
got
Waschmaschine
rentadora
Wasserhahn
aixeta
Fliesen
rajoles
Töpfchen
orinal
Waschbecken
aigüera


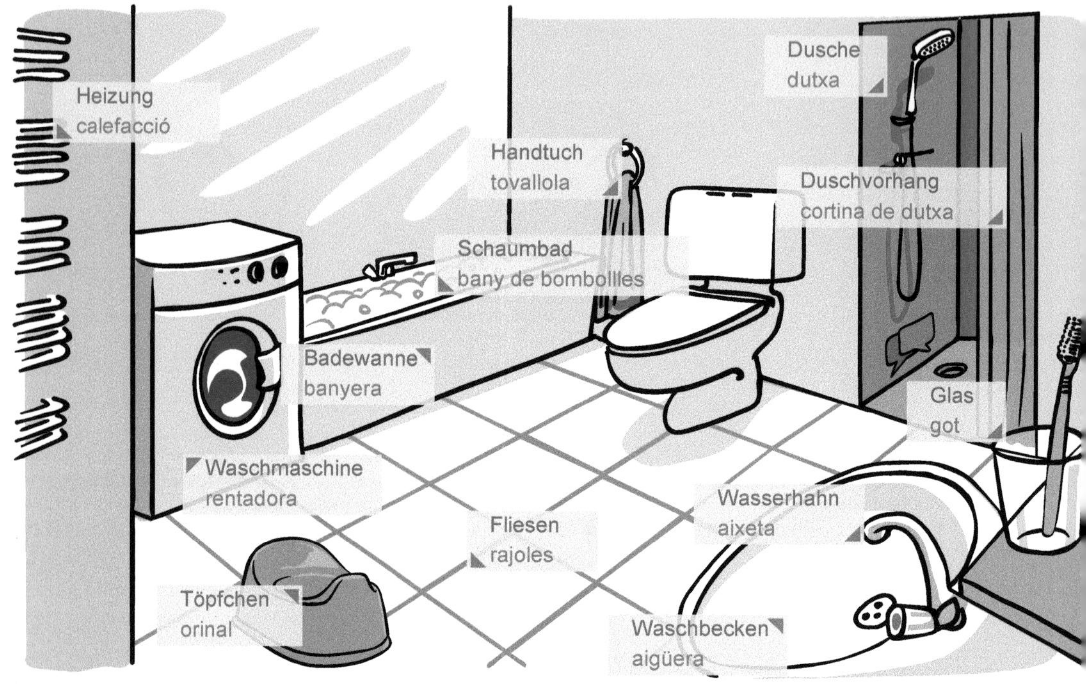

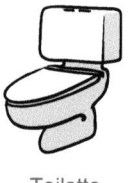

Toilette

lavabo

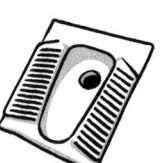

Hocktoilette

lavabo turc

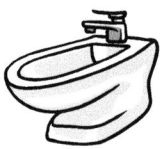

Bidet

bidet

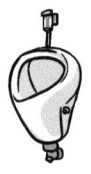

Pissoir

orinador

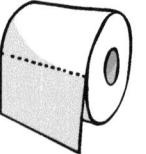

Toilettenpapier

paper higiènic

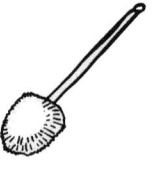

Toilettenbürste

escombreta de sanitari

**Zahnbürste**

raspall de dents

**Zahnpasta**

pasta de dents

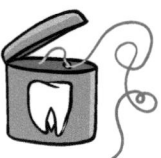

**Zahnseide**

fil dental

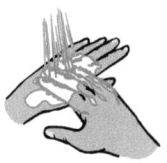

**waschen**

rentar

**Handbrause**

pom de dutxa

**Intimdusche**

dutxa íntima

**Waschschüssel**

rentamans

**Rückenbürste**

raspall per a l'esquena

**Seife**

sabó

**Duschgel**

gel de dutxa

**Shampoo**

xampú

**Waschlappen**

manyopla de bany

**Abfluss**

bonera

**Creme**

crema

**Deodorant**

desodorant

**Spiegel**

mirall

**Kosmetikspiegel**

mirall-espill de mà

**Rasierer**

maquineta de rasar

**Rasierschaum**

espuma de barbejar

**Rasierwasser**

loció post-rasada

**Kamm**

pinta

**Bürste**

raspall

**Föhn**

eixugador

**Haarspray**

laca

**Makeup**

maquillatge

**Lippenstift**

pintallavis

**Nagellack**

esmalt d'ungles

**Watte**

cotó

**Nagelschere**

tallaungles

**Parfum**

perfum

**Kulturbeutel**

estoig de bellesa

**Hocker**

tamboret

**Waage**

bàscula

**Bademantel**

barnús

**Gummihandschuhe**

guants de goma

**Tampon**

compresa higiènica

**Damenbinde**

compresa

**Chemietoilette**

sanitari químic

# Kinderzimmer

## cambra de nen

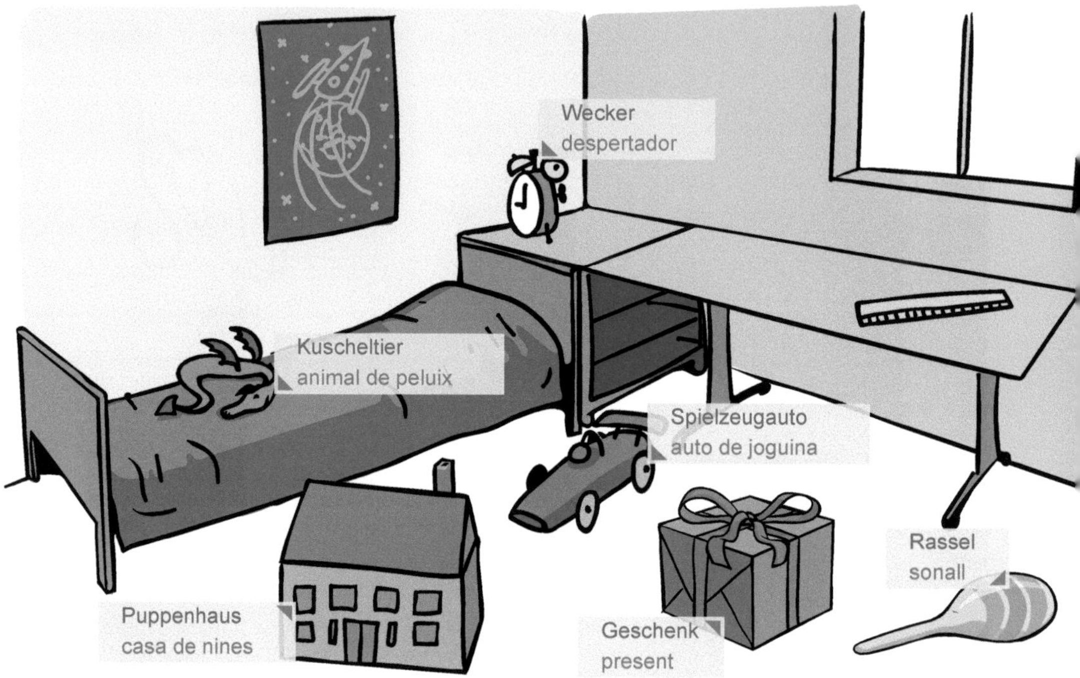
Wecker
despertador
Kuscheltier
animal de peluix
Spielzeugauto
auto de joguina
Rassel
sonall
Puppenhaus
casa de nines
Geschenk
present

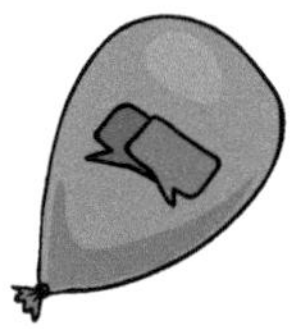

Ballon

baló

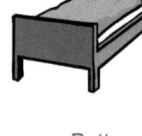

Bett

llit

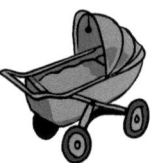

Kinderwagen

cotxet per a nens

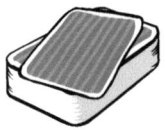

Kartenspiel

joc de cartes

Puzzle

trencaclosca

SUPER
MEGA

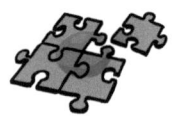

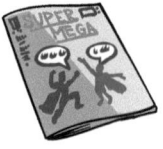

Comic

historieta

**Legosteine**

peces de lego

**Bausteine**

peces de construcció

**Action Figur**

ninot d'acció

**Strampelanzug**

granota

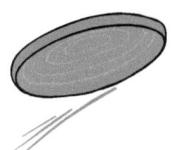

**Frisbee**

frisbee

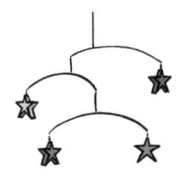

**Mobile**

mòbil per a bressol

**Brettspiel**

joc de taula

**Würfel**

daus

**Modelleisenbahn**

tren elèctric

**Schnuller**

xumet

**Party**

festa

**Bilderbuch**

llibre de dibuixos

**Ball**

pilota

**Puppe**

nina

**spielen**

jugar

Sandkasten

sorrera

Schaukel

gronxador

Spielzeug

joguines

Spielkonsole

consola de jocs de vídeo

Dreirad

tricicle

Teddy

osset de peluix

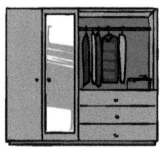

Kleiderschrank

armari

## Kleidung

## roba

Socken

mitjons

Strümpfe

mitges

Strumpfhose

mitja pantaló

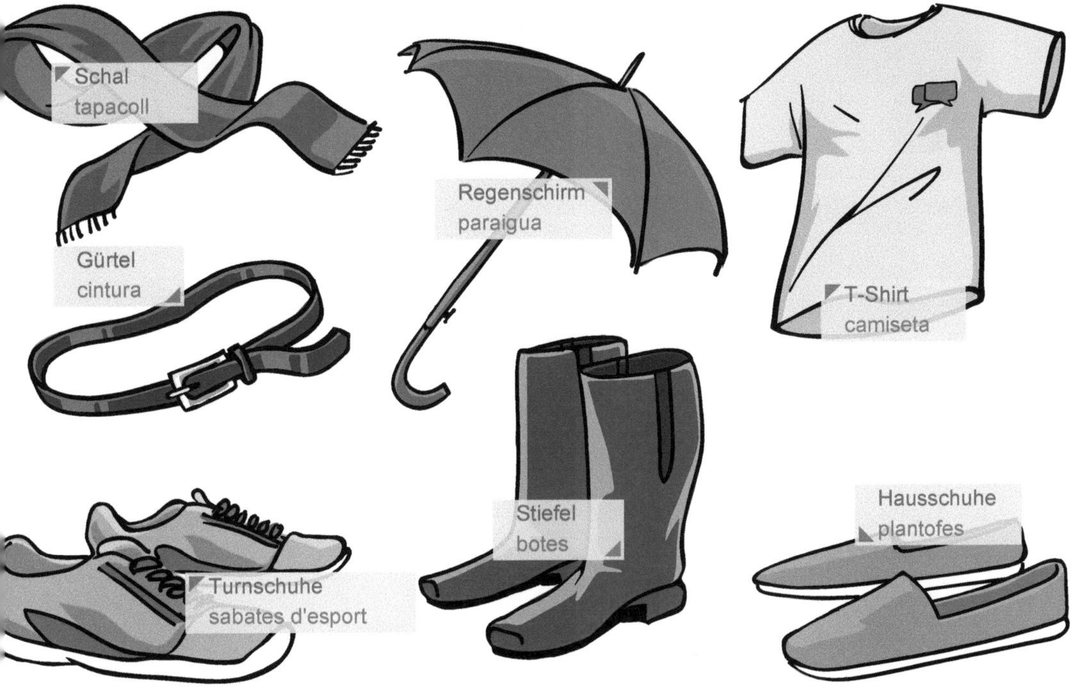

Schal
tapacoll

Regenschirm
paraigua

T-Shirt
camiseta

Gürtel
cintura

Stiefel
botes

Hausschuhe
plantofes

Turnschuhe
sabates d'esport

Sandalen
..................
sandàlies

Schuhe
..................
sabates

Gummistiefel
..................
botes de goma

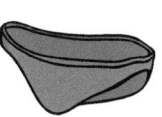

Unterhose
..................
calçonets

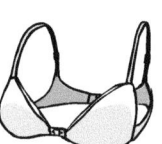

Büstenhalter
..................
sostenidor

Unterhemd
..................
guardapits

Kleidung - roba                    45

Body

jjustacòs

Hose

pantalons

Jeans

jeans

Rock

faldeta

Bluse

brusa

Hemd

camisa

Pullover

jersei

Kapuzenpullover

dessuadora

Blazer

blazer

Jacke

jaqueta

Mantel

mantell

Regenmantel

impermeable

Kostüm

vestit de dona

Kleid

vestit de dona

Hochzeitskleid

vestit de núvia

Anzug

vestit d'home

Nachthemd

camisa de dormir

Schlafanzug

pijama

Sari

sari

Kopftuch

mocador de cap

Turban

turbant

Burka

burca

Kaftan

caftan

Abaya

abaia

Badeanzug

vestit de bany

Badehose

calçon(et)s de bany

Kurze Hose

pantalons curts

Trainingsanzug

xandall

Schürze

davantal

Handschuhe

guants

Knopf

botó

Brille

ulleres

Armband

braçalet

Halskette

collaret

Ring

anell

Ohrring

orellera

Mütze

casquet

Kleiderbügel

penjador

Hut

capell

Krawatte

corbata

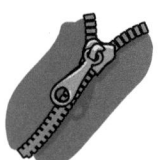

Reißverschluss

cremallera

Helm

casc

Hosenträger

elàstics

Schuluniform

uniforme escolar

Uniform

uniforme

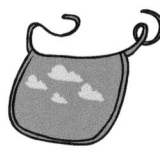

Lätzchen

pitet

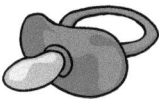

Schnuller

xumet

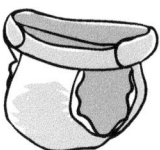

Windel

bolquer

# Büro
# oficina

Server
servidor
Aktenschrank
armari arxivador
Drucker
impressora
Papier
paper
Monitor
monitor
Maus
ratolí
Schreibtisch
escriptori
Ordner
arxivador
Tastatur
teclat
Stuhl
cadira
Papierkorb
paperera
Computer
ordinador


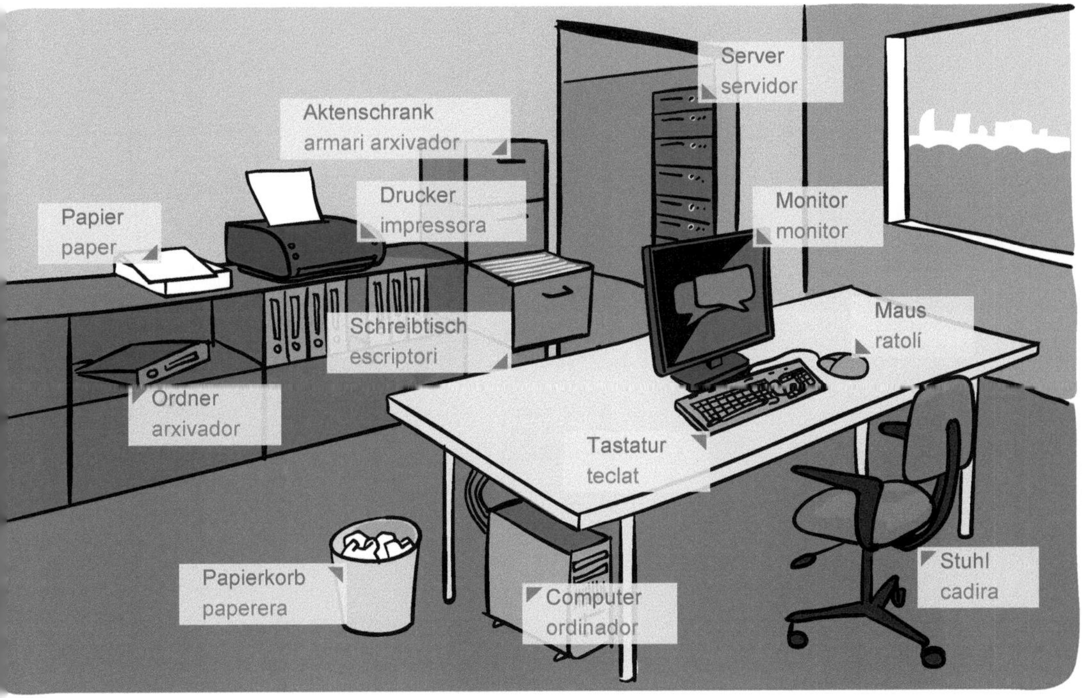

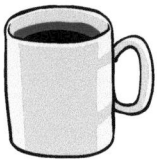

Kaffeebecher

tassa de cafè

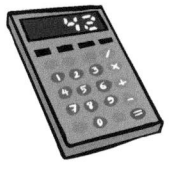

Taschenrechner

calculadora

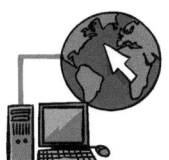

Internet

Internet

Laptop

ordinador portàtil

Brief

lletra

Nachricht

missatge

Handy

mòbil

Netzwerk

xarxa

Kopierer

fotocopiadora

Software

programari

Telefon

telèfon

Steckdose

presa de corrent

Fax

fax

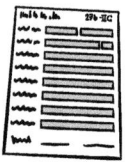

Formular

formulari

Dokument

document

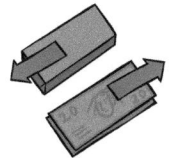

kaufen

comprar

bezahlen

pagar

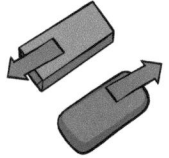

handeln

comerciar

Geld

diners

Dollar

dòlar

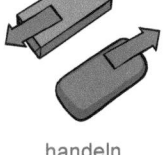

Euro

euro

Yen

ien

Rubel

ruble

Franken

franc suís

Renminbi Yuan

renminbi

Rupie

rupia

Geldautomat

caixa automàtica

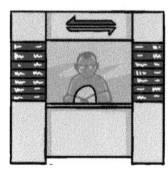

Wechselstube

oficina de canvi

Gold

or

Silber

argent

Öl

petroli

Energie

energia

Preis

preu

Vertrag

contracte

Steuer

impost

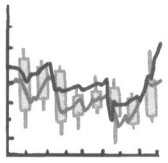

Aktie

acció

arbeiten

treballar

Angestellter

treballador

Arbeitgeber

empresari

Fabrik

fàbrica

Geschäft

botiga

# Berufe
# oficis

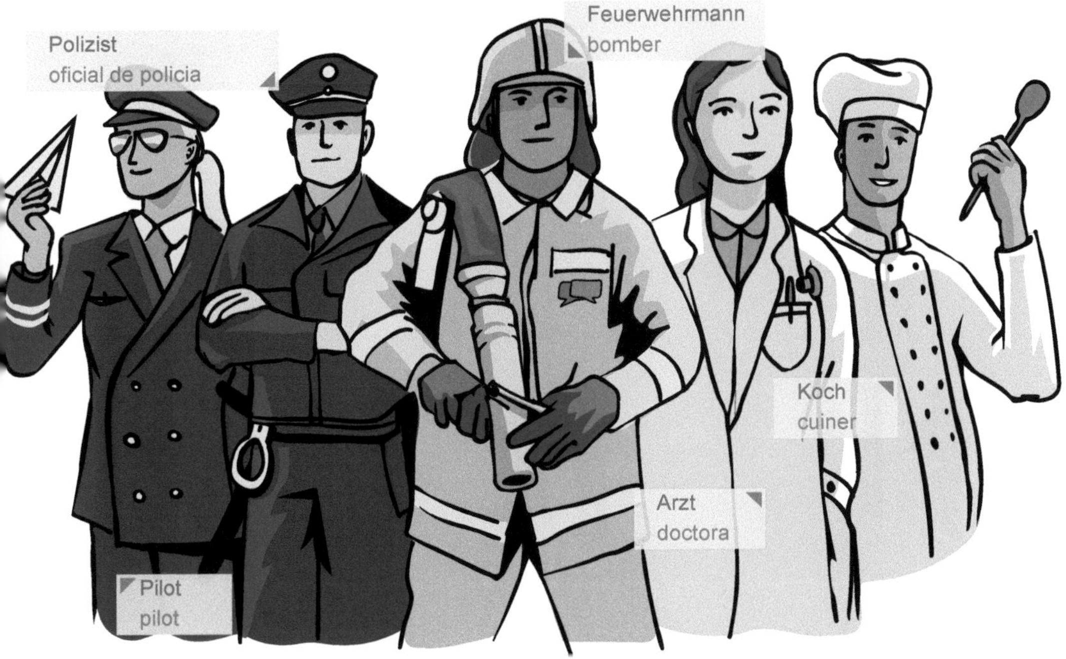
Polizist
oficial de policia
Feuerwehrmann
bomber
Koch
cuiner
Arzt
doctora
Pilot
pilot

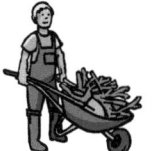

Gärtner

jardiner

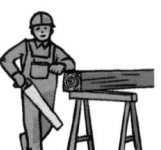

Tischler

fuster

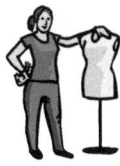

Näherin

costurera

Richter

jutge

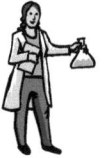

Chemiker

química

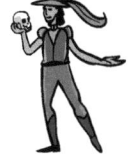

Schauspieler

actor

**Busfahrer**

conductor d'autobús

**Taxifahrer**

taxista

**Fischer**

pescador

**Putzfrau**

dona de la neteja

**Dachdecker**

ensostrador

**Kellner**

cambrer

**Jäger**

caçador

**Maler**

pintor

**Bäcker**

forner

**Elektriker**

electricista

**Bauarbeiter**

obrer de la construcció

**Ingenieur**

enginyer

**Schlachter**

carnisser

**Klempner**

llanterner

**Postbote**

correu

Soldat

soldat

Architekt

arquitecte

Kassierer

caixera

Florist

florista

Friseur

perruquer

Schaffner

revisor

Mechaniker

mecànic

Kapitän

capità

Zahnarzt

dentista

Wissenschaftler

científic

Rabbi

rabí

Imam

imam

Mönch

monjo

Geistlicher

capellà

# Werkzeuge
## eines

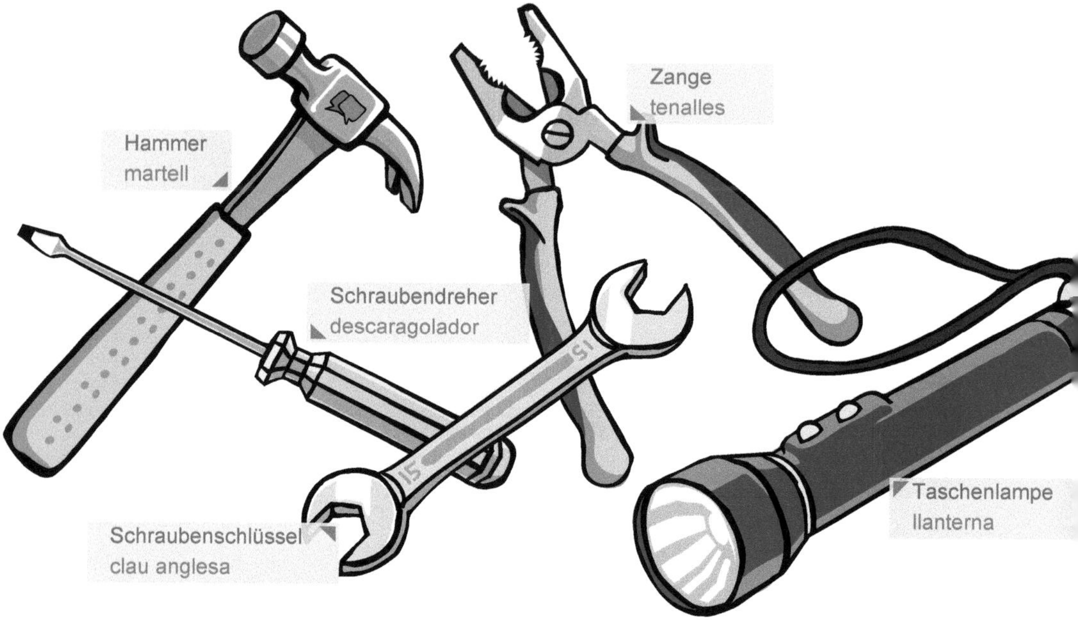

Hammer
martell
Zange
tenalles
Schraubendreher
descaragolador
Schraubenschlüssel
clau anglesa
Taschenlampe
llanterna


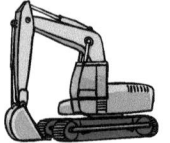

Bagger
excavadora

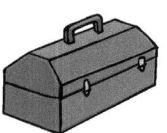

Werkzeugkasten
caixa d'eines

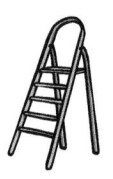

Leiter
escala

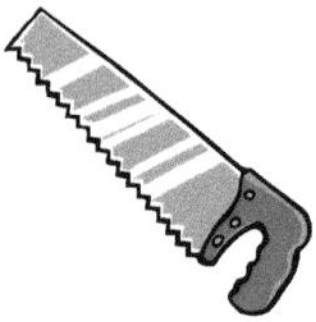

Säge
serra

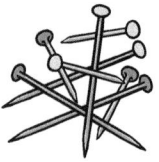

Nägel
claus

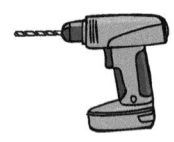

Bohrer
trepant

reparieren

reparar

Schaufel

pala

Mist!

Maleït siga!

Kehrblech

pala

Farbtopf

pot de pintura

Schrauben

caragols

# Musikinstrumente

## instrument de música

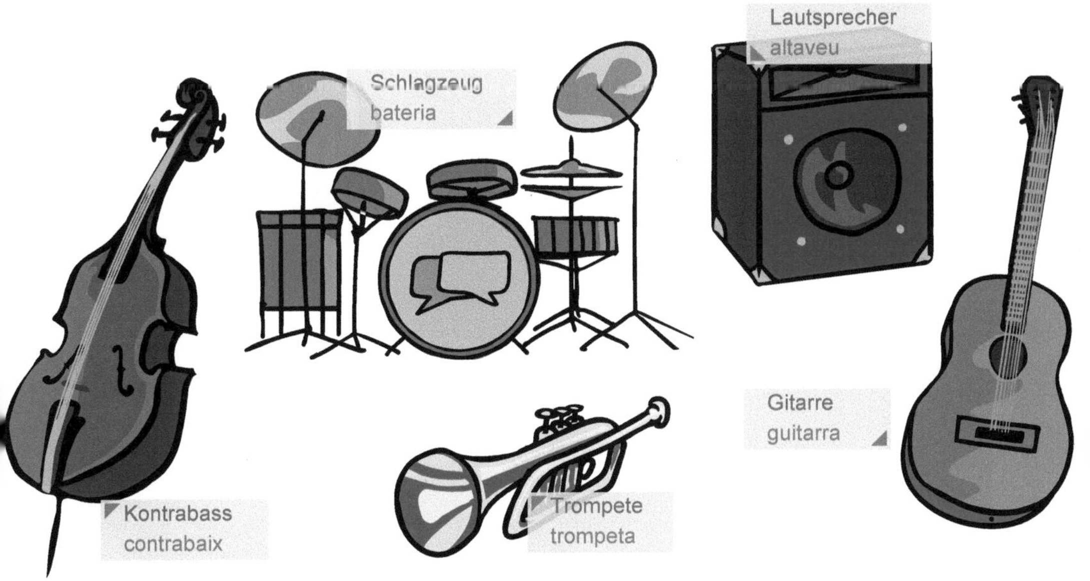

Schlagzeug
bateria

Lautsprecher
altaveu

Gitarre
guitarra

Kontrabass
contrabaix

Trompete
trompeta

Klavier

piano

Violine

violí

Bass

baix

Pauke

timbal

Trommeln

tambor

Keyboard

teclat

Saxophon

saxofon

Flöte

flauta

Mikrofon

micròfon

Eingang
entrada

Tiger
tigre

Käfig
gàbia

Zebra
zebra

Tierfutter
aliment per a animals

Panda
ós panda

Tiere

animals

Elefant

elefant

Känguru

cangurú

Nashorn

rinoceront

Gorilla

goril·la

Bär

ós

Kamel

camell

Strauß

estruç

Löwe

lleó

Affe

simi

Flamingo

flamenc

Papagei

papagai

Eisbär

ós polar

Pinguin

pingüí

Hai

ca mari

Pfau

paó

Schlange

serp

Krokodil

cocodril

Zoowärter

guardià del zoo

Robbe

foca

Jaguar

jaguar

Pony

poni

Leopard

lleopard

Nilpferd

hipopòtam

Giraffe

girafa

Adler

àliga

Wildschwein

senglar

Fisch

peix

Schildkröte

tortuga

Walross

morsa

Fuchs

guineu

Gazelle

gasela

American Football
futbol americà

Radfahren
ciclisme

Tennis
tenis

Basketball
bàsquet

Schwimmen
natació

Boxen
boxa

Eishockey
hoquei sobre gel

Fußball

futbol americà

Badminton

bàdminton

Leichtathletik

atletisme

Handball

handbol

Skilaufen

esquí

Polo

polo

# Aktivitäten
# activitats

springen
saltar
umarmen
abraçar
lachen
riure
gehen
anar
singen
cantar
träumen
somiar
beten
pregar
küssen
fer un petó

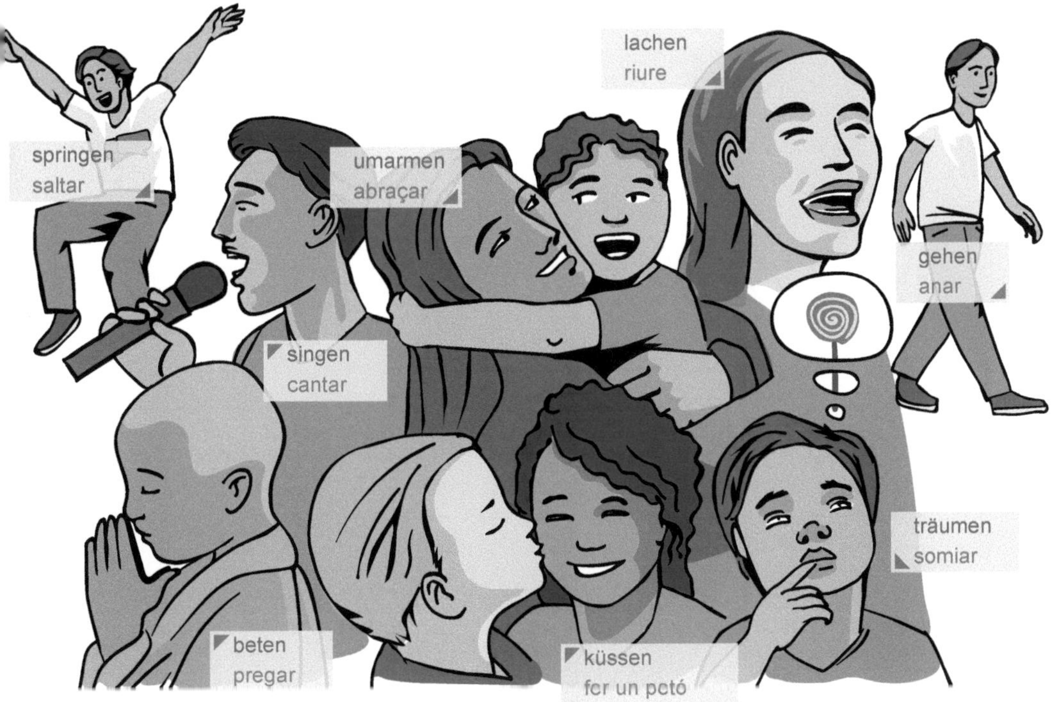

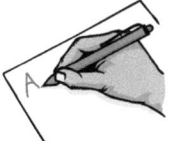

schreiben

escriure

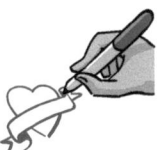

zeichnen

dibuixar

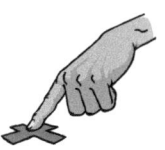

zeigen

mostrar

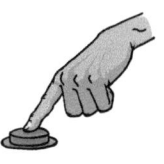

drücken

pitjar

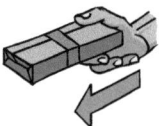

geben

donar

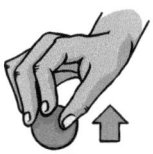

nehmen

prendre

haben
tenir

tun
fer

sein
ésser

stehen
estar dret

laufen
córrer

ziehen
estirar

werfen
llançar

fallen
caure

liegen
jeure

warten
esperar

tragen
portar

sitzen
asseure's

anziehen
vestir-se

schlafen
dormir

aufwachen
despertar-se

ansehen
mirar

weinen
plorar

streicheln
amoixar

kämmen
pentinar

reden
parlar

verstehen
comprendre

fragen
demanar

hören
escoltar

trinken
beure

essen
menjar

aufräumen
endreçar

lieben
estimar

kochen
cuinar

fahren
conduir

fliegen
volar

segeln

navegar

rechnen

calcular

lesen

llegir

lernen

aprendre

arbeiten

treballar

heiraten

casar-se

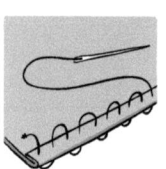

nähen

cosir

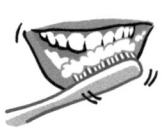

Zähne putzen

raspallar-se les dents

töten

matar

rauchen

fumar

senden

enviar

# Familie
# família

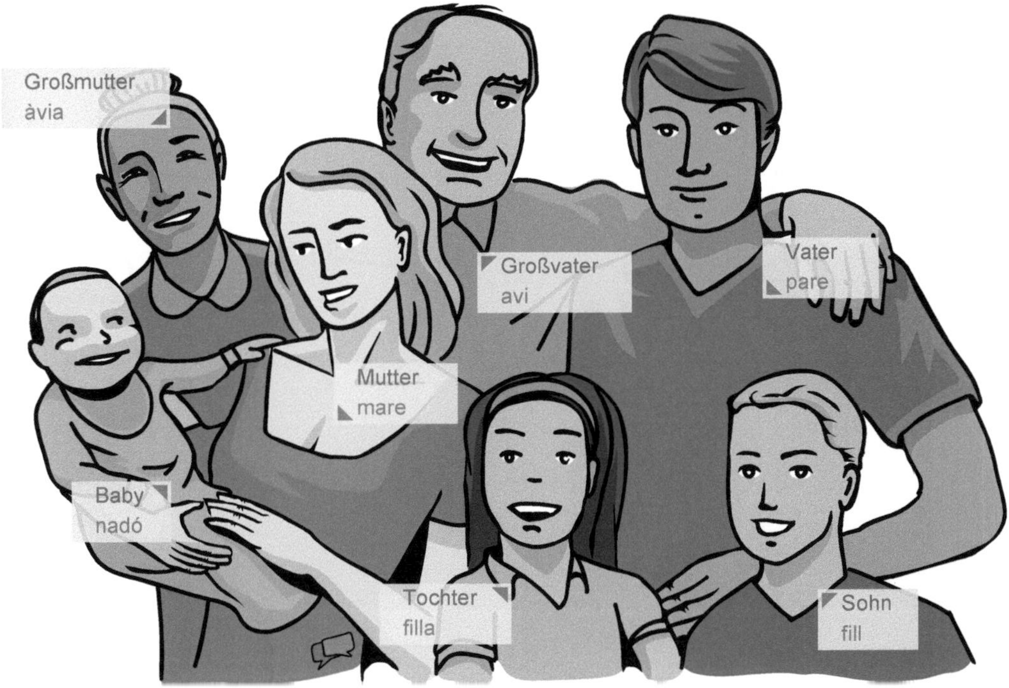
Großmutter
àvia
Großvater
avi
Vater
pare
Mutter
mare
Baby
nadó
Tochter
filla
Sohn
fill

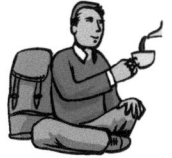

Gast

convidat

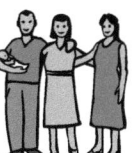

Tante

tia

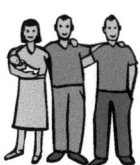

Onkel

oncle

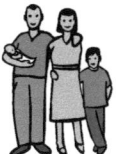

Bruder

germà

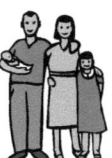

Schwester

germana

# Körper

## cos

Stirn
front
Auge
ull
Schulter
espatlla
Finger
dit
Gesicht
cara
Kinn
barbeta
Hand
mà
Bein
cama
Brust
pit
Arm
braç

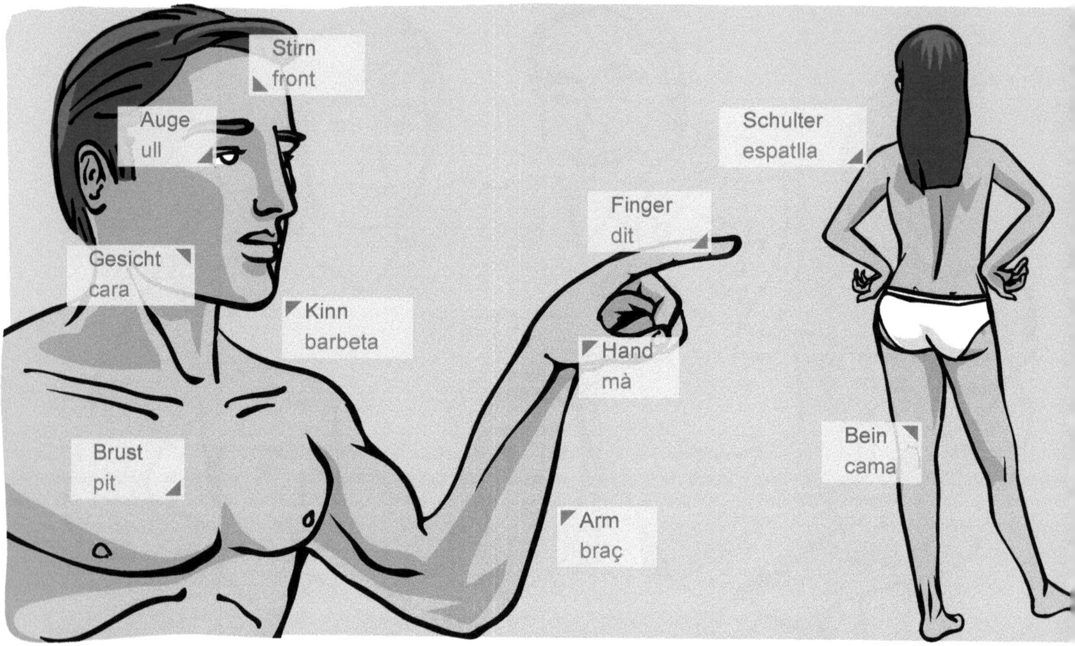

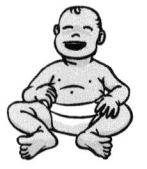

Baby

nadó

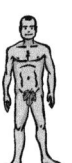

Mann

home

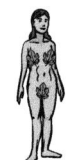

Frau

dona

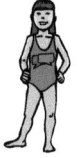

Mädchen

noia

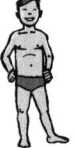

Junge

noi

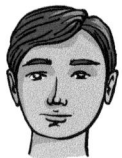

Kopf

cap

**Rücken**

esquena

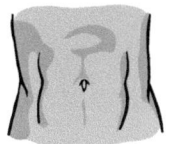

**Bauch**

panxa

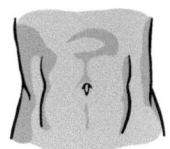

**Nabel**

melic

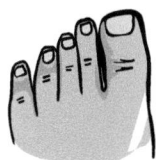

**Zeh**

dit gros del peu

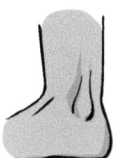

**Ferse**

taló

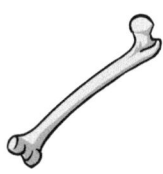

**Knochen**

os

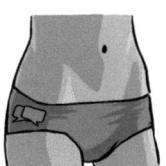

**Hüfte**

maluc

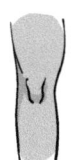

**Knie**

genoll

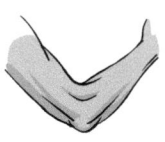

**Ellenbogen**

colze

**Nase**

nas

**Gesäß**

cul

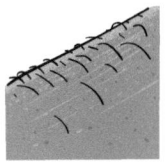

**Haut**

pell

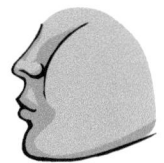

**Wange**

galta

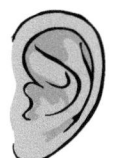

**Ohr**

orella

**Lippe**

llavi

Mund

boca

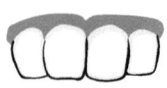

Zahn

dent

Zunge

llengua

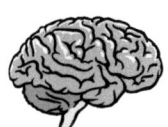

Gehirn

cervell

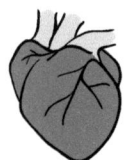

Herz

cor

Muskel

múscul

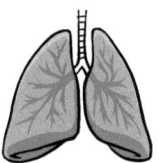

Lunge

pulmó

Leber

fetge

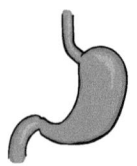

Magen

estómac

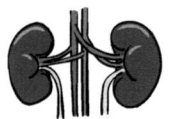

Nieren

ronyó

Geschlechtsverkehr

relació sexual

Kondom

preservatiu

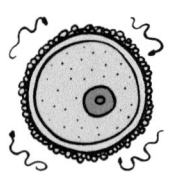

Eizelle

ovari

Sperma

semen

Schwangerschaft

prenyat

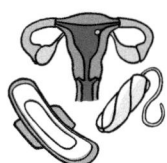

Menstruation

menstruació

Vagina

vagina

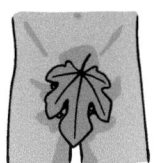

Penis

penis

Augenbraue

cella

Haar

cabells

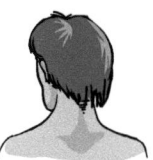

Hals

coll

# Krankenhaus
## hospital

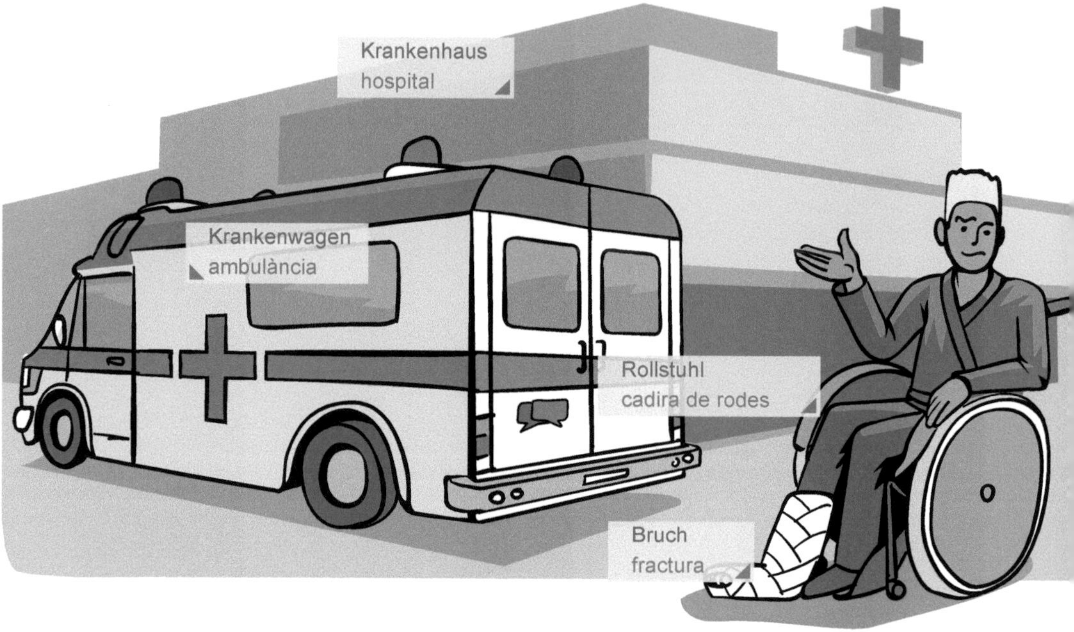

Krankenhaus
hospital
Krankenwagen
ambulància
Rollstuhl
cadira de rodes
Bruch
fractura

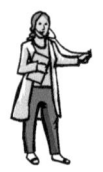

Arzt

doctora

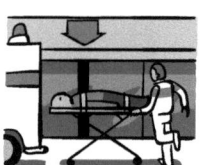

Notaufnahme

sala d'urgències

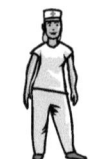

Krankenschwester

infermera

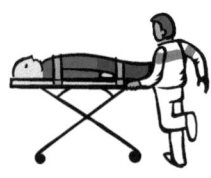

Notfall

urgència

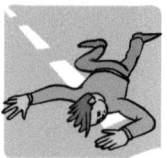

ohnmächtig

inconscient

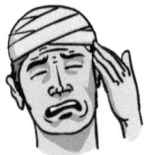

Schmerz

dolor

**Verletzung**

ferida

**Blutung**

sagnament

**Herzinfarkt**

atac de cor

**Schlaganfall**

apoplexia

**Allergie**

al·lèrgia

**Husten**

tos

**Fieber**

febre

**Grippe**

gripa

**Durchfall**

diarrea

**Kopfschmerzen**

mal de cap

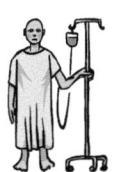

**Krebs**

càncer

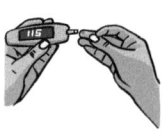

**Diabetis**

diabetis

**Chirurg**

cirurgià

**Skalpell**

escalpel

**Operation**

operació

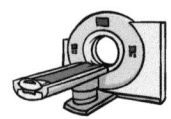

CT

tomografia computada (TC), TAC

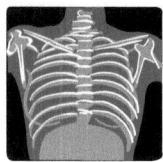

Röntgen

raigs x

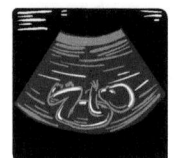

Ultraschall

ultrasò

Maske

mascareta

Krankheit

malaltia

Wartezimmer

sala d'espera

Krücke

crossa

Pflaster

tireta

Verband

embenat

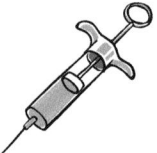

Injektion

injecció

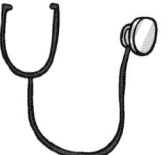

Stethoskop

estetoscopi

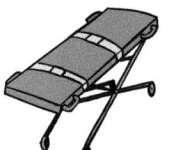

Trage

llitera

Thermometer

termòmetre clínic

Geburt

pariment

Übergewicht

sobrepès

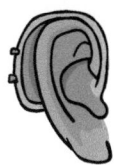

Hörgerät

aparell auditiu

Desinfektionsmittel

desinfectant

Infektion

infecció

Virus

virus

HIV / AIDS

VIH / SIDA

Medizin

medicina

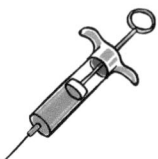

Impfung

vaccí

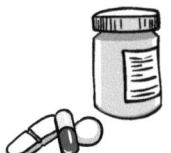

Tabletten

comprimits

Pille

píl·lola

Notruf

trucada d'urgència

Blutdruck-Messgerät

tensiòmetre

krank / gesund

malalt / sà

Hilfe!

Socors!

Alarm

alarma

Überfall

assalt

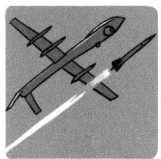

Angriff

atac

Gefahr

perill

Notausgang

sortida-eixida d'urgència

Feuer!

Foc!

Feuerlöscher

extintor

Unfall

accident

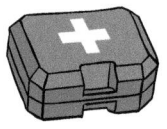

Erste-Hilfe-Koffer

farmaciola de primers auxilis

SOS

SOS

Polizei

policia

Europa

Europa

Nordamerika

Amèrica del Nord

Südamerika

Amèrica del Sud

Afrika

Àfrica

Asien

Àsia

Australien

Austràlia

Atlantik

Atlàntic

Pazifik

Pacífic

Indischer Ozean

Oceà Índic

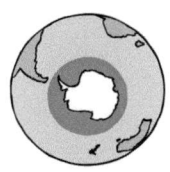

Antarktischer Ozean

Oceà Antàrtic

Arktischer Ozean

Oceà Àrtic

Nordpol

pol nord

Südpol

pol sud

Antarktis

Antàrtida

Erde

terra

Land

país

Meer

mar

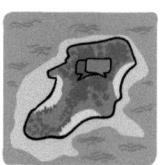

Insel

illa

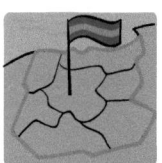

Nation

nació

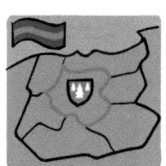

Staat

estat

Zifferblatt

quadrant

Stundenzeiger

agulla de les hores

Minutenzeiger

agulla dels minuts

Sekundenzeiger

agulla dels segons

Wie spät ist es?

Quina hora és?

Tag

dia

Zeit

temps

jetzt

ara

Digitaluhr

rellotge digital

Minute

minut

Stunde

hora

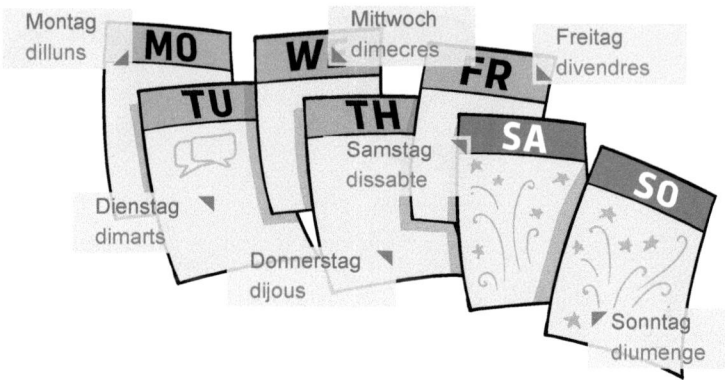

Montag
dilluns

Mittwoch
dimecres

Freitag
divendres

Dienstag
dimarts

Samstag
dissabte

Donnerstag
dijous

Sonntag
diumenge

gestern

ahir

heute

avui

morgen

demà

Morgen

matí

Mittag

migdia

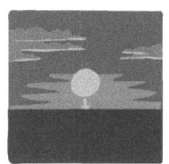

Abend

tarda

Arbeitstage

dia feiner

Wochenende

cap de setmana

# Jahr
## any

Regen
pluja
Regenbogen
arc de Sant Martí
Wind
vent
Schnee
neu
Frühling
primavera
Sommer
estiu
Herbst
tardor
Winter
hivern

4.APRIL 11°
5.APRIL 4°
6.APRIL 13°
7.APRIL 8°
8.APRIL 10°

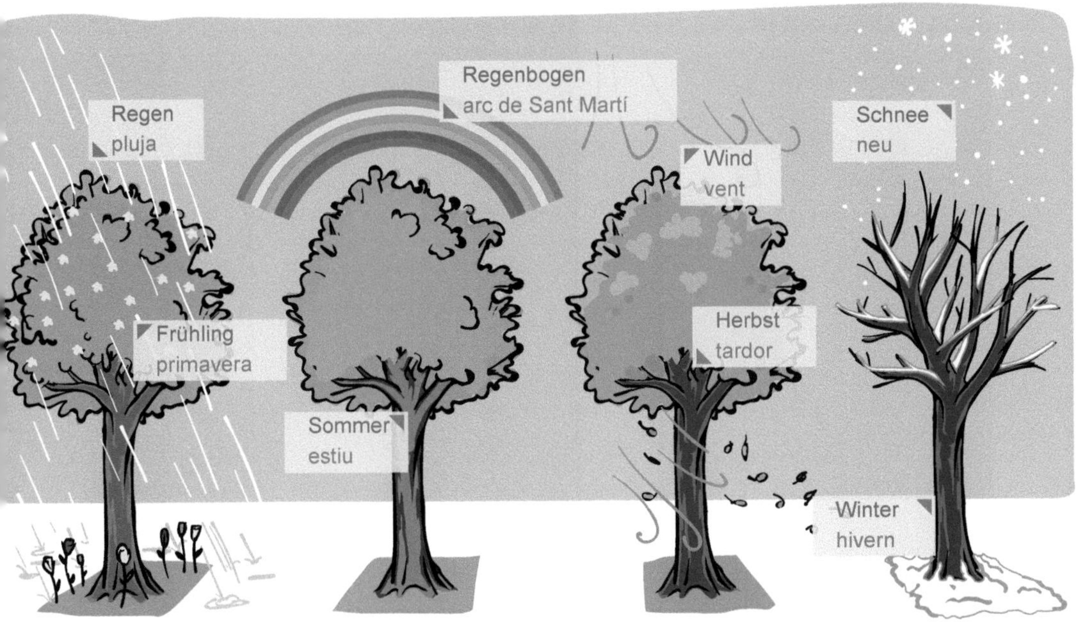

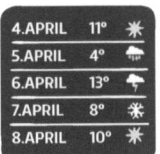

Wettervorhersage

pronòstic del temps

F
C
120
90
60
30
0
-30
40
30
20
10
0
-10
-20

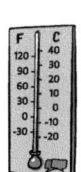

Thermometer

termòmetre

Sonnenschein

llum del sol

Wolke

núvol

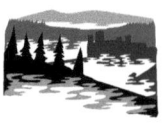

Nebel

boira

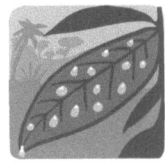

Luftfeuchtigkeit

humiditat de l'aire

Blitz

llamp

Donner

tro

Sturm

tempesta

Hagel

calamarsa

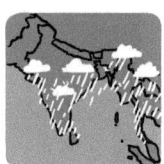

Monsun

monsó

Flut

inundació

Eis

gel

Januar

gener

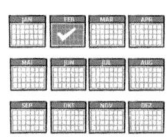

Februar

febrer

März

març

April

abril

Mai

maig

Juni

juny

Juli

juliol

August

agost

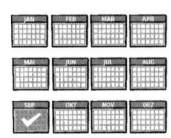

September
.................
setembre

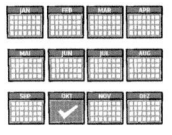

Oktober
.................
octubre

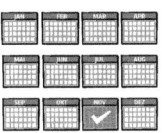

November
.................
novembre

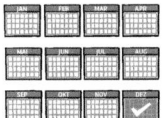

Dezember
.................
desembre

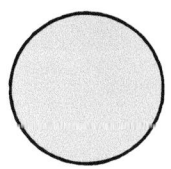

Kreis
.................
cercle

Quadrat
.................
quadrat

Rechteck
.................
rectangle

Dreieck
.................
triangle

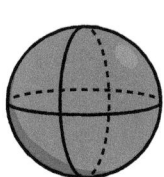

Kugel
.................
esfera

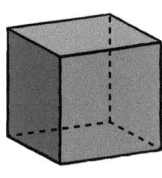

Würfel
.................
cub

# Farben
## colors

weiß

blanc

gelb

groc

orange

taronja

pink

rosa

rot

vermell

lila

lila

blau

blau

grün

verd

braun

marró

grau

gris

schwarz

negre

viel / wenig

molt / poc

wütend / friedlich

emprenyat / tranquil

hübsch / hässlich

bonic / lleig

Anfang / Ende

començament / fi

groß / klein

gran / petit

hell / dunkel

clar / fosc

Bruder / Schwester

germà / germana

sauber / schmutzig

net / brut

vollständig / unvollständig

complet / incomplet

Tag / Nacht

dia / nit

tot / lebendig

mort / viu

breit / schmal

ample / estret

genießbar / ungenießbar

comestible / immenjable

böse / freundlich

dolent / amable

aufgeregt / gelangweilt

entusiasmat / entediat

dick / dünn

gros / prim

zuerst / zuletzt

primer / darrer

Freund / Feind

amic / enemic

voll / leer

ple / buit

hart / weich

dur / tou

schwer / leicht

pesant / lleuger

Hunger / Durst

gana / set

krank / gesund

malalt / sà

illegal / legal

il·legal / legal

intelligent / dumm

intel·ligent / ximple

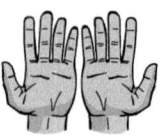

links / rechts

esquerra / dreta

nah / fern

prop / llunyà

neu / gebraucht

nou / usat

nichts / etwas

res / quelcom

alt / jung

vell / jove

an / aus

encès / apagat

offen / geschlossen

obert / tancat

leise / laut

silenciós / sorollós

reich / arm

ric / pobre

richtig / falsch

correcte / incorrecte

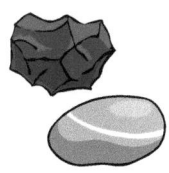

rau / glatt

aspre / suau

traurig / glücklich

trist / content

kurz / lang

curt / llarg

langsam / schnell

lent / ràpid

nass / trocken

humit / sec - eixut

warm / kühl

calent / fred

Krieg / Frieden

guerra / pau

# Zahlen

## nombres

**0**

null
zero

**1**

eins
u

**2**

zwei
dos

**3**

drei
tres

**4**

vier
quatre

**5**

fünf
cinc

**6**

sechs
sis

**7**

sieben
set

**8**

acht
vuit

**9**

neun
nou

**10**

zehn
deu

**11**

elf
onze

## 12
zwölf
dotze

## 13
dreizehn
tretze

## 14
vierzehn
catorze

## 15
fünfzehn
quinze

## 16
sechzehn
setze

## 17
siebzehn
disset

## 18
achtzehn
divuit

## 19
neunzehn
dinou

## 20
zwanzig
vint

## 100
hundert
cent

## 1.000
tausend
mil

## 1.000.000
million
milió

Englisch

anglès

Amerikanisches Englisch

anglès americà

Chinesisch Mandarin

xinès mandarí

Hindi

hindi

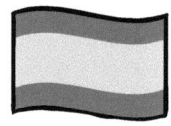

Spanisch

espanyol

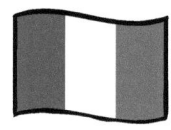

Französisch

francès

Arabisch

àrab

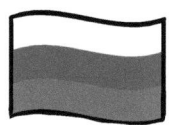

Russisch

rus

Portugiesisch

portuguès

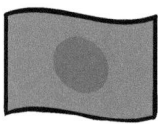

Bengalisch

bengalí

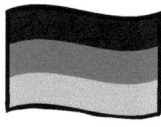

Deutsch

alemany

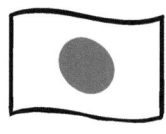

Japanisch

japonès

ich
jo

du
tu

er / sie / es
ell / ella / allò

wir
nosaltres

ihr
vosaltres

sie
ells

wer?
qui?

was?
què?

wie?
com?

wo?
on?

wann?
quan?

Name
nom

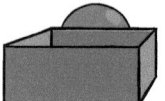

hinter

darrere

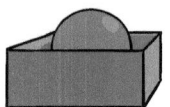

in

en

vor

davant de

über

damunt

auf

sobre

unter

sota

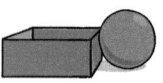

neben

al costat

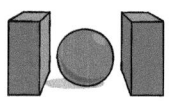

zwischen

entre

Ort

lloc